* A LA C

Délicieuses recettes de Poisson

par
Chantal Duroy

Le Ballon

Truite farcie à l'oignon au vin blanc

Pour 4 personnes
Préparation: 2 heures
Garniture: pommes de terre vapeur ou légumes chauds

Ingrédients:

4 truites nettoyées d'environ 250 g
500 g de jeunes oignons
100 g de champignons
4 dl de vin blanc
½ cube de bouillon de poule délayé dans 3 dl d'eau
1 c. à soupe de jus de citron
2 c. à soupe de farine
1 c. à soupe de moutarde
6 c. à soupe d'huile d'olive, vierge extra
1 brin de persil
1 branche de thym
1 branche de marjolaine
poivre fraîchement moulu
sel

La truite est un poisson d'eau douce vivant à l'état sauvage dans les rivières de montagne. Actuellement, la truite est élevée en grande quantité dans des étangs. Dans le commerce, on retrouve surtout la truite arc-en-ciel d'origine nord-américaine qui est quelque peu plus colorée que la truite européenne.

1. Épluchez les jeunes oignons et faites-les revenir dans un faitout dans 3 cuillères à soupe d'huile d'olive.
2. Incorporez le vin, le thym et la marjolaine finement hachés et faites réduire environ de moitié à feu vif.
3. Préchauffez le four à 180°C.
4. Retirez l'arête des truites. Salez-les et poivrez-les. Retirez les jeunes oignons du vin blanc, coupez-les en quatre et farcissez-en les truites. Nappez le fond d'un plat à gratin de 3 cuillères à soupe d'huile d'olive et couchez-y les truites. Versez le court-bouillon au vin blanc et le bouillon de poule. Enfournez 15 minutes.
5. Placez les champignons dans le faitout, arrosez-les de jus de citron, ajoutez 6 cuillères à soupe d'eau et laissez cuire 5 minutes. Égouttez.
6. Sortez les truites du plat et réservez-les au chaud. Incorporez la moutarde et la farine au jus de cuisson et faites réduire à feu vif jusqu'à ⅓. Ajoutez les champignons. Dressez les truites sur un plat chaud et nappez-les de sauce. Décorez de persil et servez immédiatement.

MOUTARDE DE MEAUX
POMMERY

Truite aux épinards

Pour 4 personnes
Préparation: 25 minutes
Garniture: pommes de terre vapeur

Ingrédients:

4 truites nettoyées
1 gousse d'ail pressée
200 g d'épinards, 1 piment
5 c. à soupe d'huile d'olive, vierge extra
1 bouquet de persil finement haché
sel et poivre fraîchement moulu

1. Préchauffez le four à 180°C (position 3).
2. Incisez les truites plusieurs fois de chaque côté. Hachez finement les épinards et farcissez-en les truites. Hachez finement le piment, mélangez-le avec l'huile d'olive et l'ail pressé. Poivrez et salez. Réservez une c. à soupe de ce mélange.
3. Avec le reste, badigeonnez les truites à l'intérieur et à l'extérieur.
4. Enfournez jusqu'au point de cuisson (c.-à-d. lorsque les yeux sont grands ouverts et lorsque les filets se détachent aisément).
5. Dressez chaque truite sur une assiette chaude et décorez avec le hachis de piment restant et le persil.

Truite rôtie aux amandes

Pour 4 personnes
Préparation: 35 minutes + 1 heure pour la marinade
Garniture: pommes de terre vapeur et légumes chauds

Ingrédients:

4 truites entières, nettoyées
100 g d'amandes effilées
1 dl de lait, 50 g de farine
le jus d'1 citron
quelques tranches de citron
8 c. à soupe d'huile d'olive, vierge extra
50 g de beurre
2 brins de persil
sel et poivre fraîchement moulu

1. Badigeonnez généreusement les truites (intérieur et extérieur) de jus de citron et laissez mariner une heure. Séchez ensuite complètement l'extérieur des truites.
2. Trempez les truites dans le lait et roulez-les dans la farine.
3. Faites chauffer l'huile d'olive et le beurre dans une grande poêle.
4. Faites-y dorer les truites de chaque côté. Salez légèrement et poivrez généreusement.
5. Faites fondre le restant du beurre dans un poêlon et faites-y dorer les amandes.
6. Parsemez les truites d'amandes dorées, décorez d'une rondelle de citron et de persil.

à droite: Truite rôtie aux amandes

Perche marinée

Pour 4 personnes
Préparation: 30 minutes +
1 heure pour la marinade
Garniture: riz ou salade fraîche

Ingrédients:
4 perches d'environ 200 g
1 oignon, 3 œufs
4 c. à soupe de farine
chapelure ou pain sec réduit en miettes
jus d'1 citron, 100 g de beurre
8 c. à soupe d'huile d'olive, vierge extra
sel et poivre fraîchement moulu

1. Levez les filets ou demandez au poissonnier de le faire. Pelez l'oignon et hachez-le finement. Mélangez l'oignon haché avec l'huile d'olive et le jus de citron.
2. Couchez les filets dans un plat peu profond et versez-y la marinade à l'huile. Laissez mariner 1 heure en retournant de temps en temps les filets.
3. Battez les œufs. Salez et poivrez. Sortez les filets de la marinade et séchez-les à l'aide de papier absorbant. Farinez-les, passez-les dans les œufs battus et ensuite dans la chapelure. Faites fondre la moitié du beurre dans une poêle et faites-y dorer les filets de poisson de chaque côté à feu moyen.
4. Dressez les filets sur un plat ovale et réservez au chaud dans le four. Faites fondre le restant du beurre. Nappez-en les filets et servez tout de suite.

Thon grillé

Pour 4 personnes
Préparation: 30 minutes +
1 heure pour la marinade

Ingrédients:
4 darnes de thon de ± 200 g
8 fines tranches de mozzarella
1 gousse d'ail hachée, 1 citron
1 verre de vin blanc sec
10 c. à soupe d'huile d'olive, vierge extra
1 branche de romarin finement hachée
sel et poivre noir

1. Versez la moitié de l'huile d'olive dans un saladier. Mélangez-y l'ail et le romarin. Versez-y le vin blanc. Salez légèrement et poivrez à volonté. Faites-y mariner les darnes de thon pendant une heure.
2. Égouttez les darnes et séchez-les sur du papier absorbant. Enduisez-les ensuite d'un filet d'huile d'olive.
3. Placez les darnes 16 minutes sous le grill à température moyenne en les retournant à mi-cuisson. Arrosez d'un peu de marinade pour éviter qu'elles ne se dessèchent.
4. Posez 2 tranches de mozzarella sur chaque darne et poursuivez la cuisson sous le grill 3 à 4 minutes.
5. Dressez les darnes sur un plat, versez quelques gouttes de marinade et servez aussitôt.

à droite: Thon grillé

1995
GRAND THÉATRE
NTRE-DEUX-MERS

Brochettes d'anguille

Pour 4 personnes
Préparation de la marinade (la veille): 35 minutes
Temps de préparation: 40 minutes
Garniture: pommes de terre en chemise (sur le grill ou le barbecue)

De nombreuses anguilles sont pêchées dans des rivières et des étangs des Pays-Bas. Ci-dessus, le port intérieur de Sloten, petite ville de Frise.

Ingrédients:

3 anguilles
20 échalotes
½ verre d'eau + 1 c. à café de court-bouillon déshydraté
1 branche de céleri vert, 1 botte de cresson
2 verres de vin blanc sec
½ c. à thé de sucre cristallisé
50 g de beurre, 1 bouquet garni
½ c. à soupe d'huile d'olive
poivre noir
4 brochettes

1. Coupez les anguilles en darnes de 5 cm environ. Placez-les dans un plat muni d'un couvercle. Versez le vin blanc dans un faitout. Ajoutez-y le céleri et 2 échalotes finement coupés, le bouquet garni et un peu de poivre noir. Faites cuire le tout. Versez cette marinade sur les darnes d'anguille. Laissez refroidir et placez une nuit au réfrigérateur.
2. Le lendemain, faites fondre 1 c. à soupe de beurre et le sucre dans un poêlon. Ajoutez 12 échalotes épluchées. Chauffez jusqu'à ce que le sucre soit caramélisé. Incorporez le court-bouillon de façon à couvrir la moitié des échalotes et poursuivez la cuisson jusqu'à ce qu'elles soient tendres. Laissez refroidir, sortez-les du bouillon et séchez-les sur du papier absorbant.
3. Sortez les darnes d'anguille de la marinade et égouttez-les sur du papier absorbant. Hachez finement le restant des échalotes et faites-les revenir dans une noix de beurre. Incorporez-y le restant du court-bouillon et faites réduire jusqu'à ce que la sauce épaississe. Ajoutez le cresson lavé et le reste du beurre et mixez le tout. Assaisonnez de poivre noir et maintenez sur la source de chaleur sans laisser cuire.
4. Enfilez les darnes d'anguille et les échalotes sur 4 brochettes en alternant les ingrédients. Badigeonnez les brochettes d'un filet d'huile.
5. Passez sous le grill ou faites cuire au barbecue. Servez sur des assiettes chaudes et nappez de sauce.

Églefin épicé

Pour 4 personnes
Préparation: 25 minutes
Garniture: baguette

Ingrédients:
4 darnes d'églefin
1 gousse d'ail pressée
1 citron coupé en rondelles
4 c. à soupe d'huile d'olive
1 c. à soupe de persil haché
1 cuillère à thé de thym
½ cuillère à thé de paprika
1 pincée de poivre de Cayenne
sel et poivre fraîchement moulu

1. Faites revenir le persil, l'ail, le paprika, le poivre de Cayenne et le thym pendant 1 minute dans l'huile d'olive.
2. Salez et poivrez.
3. Enduisez généreusement les darnes d'églefin de ce mélange.
4. Poêlez-les.
5. Versez le reste de la préparation aux épices sur les poissons.
6. Décorez de tranches de citron.

Filets de merlan au porto

Pour 4 personnes
Préparation: 30 minutes
Garniture: riz sauvage

Ingrédients:
4 filets de merlan
100 g d'amandes hachées
3 échalotes finement hachées
4 c. à soupe de crème fraîche
2 œufs, 100 g de beurre
4 c. à soupe de farine
le jus d'1 citron, 2½ dl de porto blanc
3 c. à soupe d'huile d'olive, persil
sel et poivre

1. Préchauffez la friteuse à 160°C. Enduisez les filets de jus de citron, salez légèrement et réservez.
2. Faites revenir les échalotes dans l'huile d'olive et incorporez le porto. Faites réduire de moitié. Retirez le poêlon du feu et fouettez-y le beurre en morceaux. Incorporez la crème. Salez et poivrez. Réservez au chaud.
3. Roulez les filets de merlan dans la farine, ensuite dans les œufs battus et enfin dans les amandes hachées.
4. Plongez les filets dans la friture à 160°C pendant 4 minutes. Égouttez sur du papier absorbant. Chauffez l'huile à 180°C et faites-y dorer les filets.
5. Égouttez. Entre-temps, faites frire le persil dans l'huile bouillante. Présentez les filets garnis de persil frit avec la sauce au porto.

à droite: Filets de merlan au porto

Cabillaud croustillant

Pour 4 personnes; préparation: 25 minutes
Garniture: pommes de terre vapeur

Ingrédients:
4 filets de cabillaud
2 oignons coupés en morceaux
8 biscottes émiettées
3 cuillères à thé de jus de citron
+ rondelles de citron
1 cuillère à thé de moutarde
3 c. à soupe de beurre fondu
4 c. à soupe de beurre de cuisine
1 pincée de thym finement haché
1 petite botte de persil finement haché
sel, poivre fraîchement moulu

1. Préchauffez le four à 180°C. Salez et poivrez les filets et couchez-les dans un plat à gratin. Badigeonnez-les de beurre fondu sur les deux faces. Couvrez de papier aluminium et enfournez 5 minutes jusqu'à ce qu'ils soient cuits.
2. Mélangez 4 c. à soupe de beurre avec les biscottes émiettées, les morceaux d'oignon, le thym, le citron, le sel et le poivre. Retirez le papier aluminium et couvrez chaque filet de cette préparation en veillant à bien faire adhérer la chapelure.
3. Enfournez 10 minutes jusqu'à ce que la croûte soit dorée.
4. Dressez les filets sur un plat, décorez de rondelles de citron et saupoudrez de persil.

Cabillaud aux tagliatelles et à la moutarde

Pour 4 personnes; préparation: 25 minutes
Servir avec un vin blanc sec

Ingrédients:
4 filets de cabillaud
400 g de tagliatelles vertes,
cuites al dente
250 g d'épinards
2 dl de crème fraîche
1 cube de court-bouillon délayé dans 2 dl d'eau
2 c. à soupe de moutarde
50 g de beurre de cuisine
sel et poivre noir fraîchement moulu

1. Préchauffez le four à 180°C. Pochez les filets de poisson 8 à 10 minutes dans le bouillon. Égouttez-les, salez, poivrez et coupez-les en morceaux.
2. Faites blanchir les épinards dans de l'eau bouillante et égouttez-les.
3. Faites cuire les tagliatelles (comptez de 4 à 5 minutes).
4. Mélangez intimement la crème et la moutarde. Mêlez les morceaux de poisson et la moitié de la sauce avec les tagliatelles.
5. Beurrez le fond d'un plat à gratin avec 30 g de beurre et versez-y les tagliatelles. Couvrez d'épinards. Nappez avec le restant de la sauce. Parsemez de noisettes de beurre et faites gratiner à four très chaud.

à droite: Cabillaud aux tagliatelles et à la moutarde

Cassolette de poisson au vin blanc

Pour 4 personnes
Préparation: 50 minutes
Accompagnement: un vin blanc sec, de préférence italien

Ingrédients:

700 g de poisson varié: lotte, cabillaud, anguille de mer, etc.
½ kg de pommes de terre nouvelles
1 verre de vin blanc sec
1 oignon, 3 tomates
2 gousses d'ail pressées
20 olives noires dénoyautées
6 c. à soupe d'huile d'olive, vierge extra
1 branche de romarin hachée
sel et poivre fraîchement moulu

1. Épluchez les pommes de terre, cuisez-les et coupez-les en deux ou en quatre.
2. Chauffez l'huile d'olive dans une casserole en terre résistant au feu et faites-y revenir l'oignon finement haché et l'ail pendant quelques minutes.
3. Ajoutez-y les poissons coupés en morceaux et cuisez-les 5 minutes de chaque côté, à feu doux.
4. Incorporez le vin. Parfumez avec le romarin. Salez et poivrez. Laissez mijoter quelques minutes. Préchauffez le four à 180°C. Coupez les tomates en petits morceaux et ajoutez-les à la préparation avec les olives et les pommes de terre.
5. Couvrez et enfournez 25 minutes. Servez sans attendre.

Ragoût d'anguille de mer

Pour 4 personnes; préparation: 45 minutes
Garniture: pommes de terre vapeur persillées ou riz

Ingrédients:

600 g d'anguille de mer (coupée en gros morceaux)
4 gros oignons, 4 belles carottes
4 verres de vin blanc sec
beurre
quelques feuilles de laurier
sel et poivre fraîchement moulu

1. Préchauffez le four à 225°C. Beurrez généreusement un plat à gratin et disposez-y les morceaux d'anguille. Salez et poivrez.
2. Coupez les oignons et les carottes en julienne et répartissez-les sur le poisson. Arrosez de vin blanc et étalez les feuilles de laurier.
3. Couvrez le plat de papier aluminium et enfournez jusqu'à ce que le poisson soit cuit à point.
4. Servez le poisson, les légumes et le jus de cuisson dans des assiettes creuses. Accompagnez de pommes vapeur ou de riz.

à droite: Cassolette de poisson au vin blanc

Filets de sole au citron vert et aux endives

Pour 4 personnes; préparation: 25 minutes
Garniture: purée de pommes de terre

Ingrédients:

4 soles, coupées en filets
½ kg de witloofs coupés en morceaux
2 blancs d'œufs en neige
chapelure, 150 g de beurre
2 citrons verts ou jaunes
1 c. à soupe de sucre glace
1 pincée de noix de muscade
sel et poivre noir fraîchement moulu

1. Pelez les citrons et coupez-les en fines tranches. Râpez un zeste.
2. Faites revenir les witloofs dans 90 g de beurre. Salez, poivrez, ajoutez la noix de muscade et glacez avec le sucre. Réservez au chaud.
3. Passez les filets de sole dans les blancs battus et dans la chapelure. Faites-les dorer dans 60 g de beurre.
4. Répartissez les witloofs sur les assiettes chaudes, posez-y les filets de sole dorés.
5. Décorez de tranches de citron, parsemez de zeste râpé et servez.

Sole meunière

Pour 4 personnes; préparation: 25 minutes
Garniture: purée de pommes de terre et poireaux braisés

Ingrédients:

16 filets de sole
1 cube de court-bouillon délayé dans 4 dl d'eau
1 blanc d'œuf, 125 g de beurre
6 c. à soupe de chapelure
2 cuillères à thé de farine, 1 citron
2 cuillères à thé d'huile de tournesol
1 brin de persil haché
sel et poivre fraîchement moulu

1. Salez, poivrez les filets et laissez-les reposer quelques instants. Passez-les dans le blanc d'œuf puis dans la chapelure.
2. Chauffez l'huile à feu moyen dans une grande poêle. Cuisez les filets 4 minutes.
3. Coupez le citron en deux. Détaillez ½ citron en tranches. Épluchez l'autre demi-citron. Pressez-le et hachez finement le zeste de ce demi-citron.
4. Retournez les filets à l'aide d'une écumoire. Ajoutez un filet d'huile et poursuivez la cuisson pendant 5 minutes en augmentant la chaleur en fin de cuisson.
5. Entre-temps, préparez un roux avec le bouillon, la farine, 25 g de beurre et portez à ébullition tout en mélangeant. Réduisez la source de chaleur et incorporez progressivement 100 g de beurre. Terminez avec le zeste de citron haché et le jus de citron.
6. Dressez les filets sur un plat préchauffé. Nappez de sauce, saupoudrez de persil et décorez de tranches de citron.

à droite: Sole meunière

Filets de saumon aux herbes

Pour 4 personnes
Préparation: 30 minutes
Garniture: spaghettini

Ingrédients:

4 filets de saumon
1 échalote finement hachée
2 tomates épluchées et coupées en tranches
quelques feuilles de laitue
2 c. à soupe de persil finement haché
2 c. à soupe de ciboulette finement hachée
2 c. à soupe d'aneth finement haché
2 citrons
4 c. à soupe d'huile d'olive
sel, poivre fraîchement moulu
papier aluminium

1. Préchauffez le four à 210°C. 410°F
2. Versez l'huile d'olive dans une poêle à frire et faites-y revenir l'échalote. Ajoutez le persil et la ciboulette et poursuivez la cuisson quelques instants. Salez et poivrez.
3. Coupez 4 feuilles d'aluminium de 20 cm de côté. Répartissez-y les tranches de tomate. Posez les filets de saumon sur les tomates et couvrez de la préparation aux herbes. Saupoudrez d'aneth.
4. Fermez les papillotes et enfournez 20 minutes. Sortez du four et enlevez les feuilles d'aluminium. Posez les filets de saumon sur un lit de salade. Décorez de tranches de citron.

Saumon au poivre vert

Pour 4 personnes; préparation: 25 minutes
Garniture: pommes de terre vapeur persillées

Ingrédients:

4 filets de saumon
15 cl de crème fraîche
1 cuillère à thé de poivre vert en grains
60 g de beurre
1 cuillère à thé de jus de conservation du poivre vert
1 poignée de cresson
sel et poivre fraîchement moulu

1. Faites fondre le beurre dans une grande poêle à frire. Salez et poivrez les filets et poêlez-les.
2. Retirez les filets de la poêle et dressez-les sur des assiettes chaudes.
3. Versez le poivre vert, le jus de conservation du poivre vert et la crème fraîche dans la poêle et faites épaissir quelques instants.
4. Versez la sauce sur les filets et décorez de feuilles de cresson.

à droite: Saumon au poivre vert

Saumon marchand de vin

Pour 4 personnes
Préparation: 20 minutes
Garniture: witloofs étuvés et pommes de terre vapeur

Ingrédients:

200 g de petits champignons de Paris
4 darnes de saumon
1½ dl de crème fraîche
½ l de vin blanc sec
1 c. à soupe d'estragon séché
sel et poivre fraîchement moulu

1. Lavez les champignons sous l'eau.
2. Faites pocher les darnes de saumon et les champignons à feu doux dans le vin blanc.
3. Retournez les darnes. Lorsqu'elles sont cuites, égouttez-les et dressez-les sur les assiettes chaudes. Incorporez la crème et l'estragon au vin blanc.
4. Faites cuire quelques instants jusqu'à ce que la sauce épaississe. Salez et poivrez à volonté.
5. Nappez les darnes de sauce au vin et servez.

Saumon en papillote aux pommes

Pour 4 personnes; préparation: 35 minutes
Garniture: pommes de terre vapeur ou riz

Ingrédients:

1 saumon d'1 kg, sans la tête
10 échalotes, 4 fines carottes
2 pommes, 4 c. à soupe de calvados
4 c. à soupe de vin blanc
4 c. à soupe d'huile d'olive
1 c. à soupe de ciboulette hachée
sel et poivre fraîchement moulu
papier aluminium

1. Épluchez les échalotes et coupez-les en deux. Grattez les carottes, coupez-les en rondelles. Faites revenir les échalotes et les carottes dans l'huile d'olive, à feu doux, pendant 5 minutes.
2. Grattez les écailles du saumon et nettoyez-le à grande eau. Coupez-le en 4 darnes.
3. Épluchez les pommes, coupez-les en quartiers, retirez le cœur et coupez les quartiers en petits cubes. Préchauffez le four à 180°C.
4. Préparez une grande feuille de papier aluminium. Ramenez les bords du papier vers le haut de façon à pouvoir coucher les darnes dans le fond. Tapissez d'abord le fond avec le mélange échalotes-carottes, ajoutez les dés de pommes et ensuite les darnes de saumon. Salez, poivrez et saupoudrez de ciboulette hachée. Versez le calvados et le vin blanc puis scellez le papier aluminium.
5. Enfournez 15 minutes dans le four préchauffé et servez immédiatement.

à droite: Saumon en papillote aux pommes

Loup de mer aux crevettes

Pour 4 personnes
Préparation: 30 minutes
Garniture: riz ou pommes de terre (nouvelles) vapeur; servir avec un vin blanc sec.

La pêche est une activité économique importante en Bretagne.

Ingrédients:

4 filets de loup de mer de 200 g chacun
300 g de crevettes grises épluchées
150 g de champignons
4 échalotes
1 gousse d'ail pressée
½ citron
1 verre de vin blanc
½ l de court-bouillon (½ l d'eau + ½ cube)
1 c. à soupe de crème fouettée
3 c. à soupe de beurre
sel et poivre fraîchement moulu

1. Épluchez les échalotes et coupez-les en rondelles. Placez-les dans un faitout et incorporez le vin blanc et le court-bouillon. Faites réduire de moitié à feu doux.
2. Incorporez la crème, une pincée de sel, un peu de poivre et portez lentement à ébullition tout en mélangeant. Lorsque les premiers bouillons apparaissent, retirez le faitout de la source de chaleur. Continuez à tourner en pressant le citron dans la sauce et ajoutez l'ail pressé.
3. Remettez le faitout sur la source de chaleur de façon à ce que la sauce épaississe. Maintenez au chaud à feu doux.
4. Salez et poivrez légèrement les filets de loup de mer. Rincez les champignons, coupez-les en deux s'ils sont trop gros. Faites fondre le beurre dans une grande poêle et faites-y dorer les filets de loup de mer de chaque côté. En fin de cuisson, ajoutez les champignons et les crevettes.
5. Présentez les filets de loup de mer sur les assiettes, nappez de sauce et servez sans attendre.

Raie à la sauce aigrelette

Pour 4 personnes
Préparation: 20 minutes
Garniture: riz et tranches d'ananas

Ingrédients:
4 raies
2 l d'eau + 3 cubes de court-bouillon
maïzena
1 échalote finement hachée
5 c. à soupe de vinaigre de vin blanc
1 c. à soupe de vinaigre de framboise
1 c. à soupe de jus de citron
2 c. à soupe de câpres
2 c. à soupe de persil haché
1 c. à soupe de ciboulette hachée + quelques brins
3 c. à soupe d'huile d'olive
sel, poivre fraîchement moulu

1. Portez l'eau à ébullition et délayez-y les cubes de court-bouillon. Incorporez le vinaigre de vin blanc. Pochez-y les raies pendant 10 minutes.
2. Faites revenir l'échalote dans l'huile d'olive. Ajoutez le vinaigre de framboise, les câpres, le persil, la ciboulette et le jus de citron. Incorporez 1 dl de court-bouillon et poursuivez la cuisson pendant quelques minutes. Salez et poivrez.
3. Si nécessaire, liez la sauce avec la maïzena en veillant à ne pas trop l'épaissir.
4. Dressez les raies sur les assiettes chaudes et versez-y la sauce. Décorez de brins de ciboulette.

Raie au beurre noir

Pour 4 personnes
Préparation: 40 minutes
Garniture: purée de pommes de terre ou légumes tels que brocoli ou asperges

Ingrédients:
1 kg de raie
1 oignon, 1 échalote
1 carotte, 1 verre de vinaigre
125 g de beurre, persil haché
1 c. à soupe de thym
1 feuille de laurier
1 c. à soupe de sel, poivre

1. Pochez la raie dans 3 l d'eau à laquelle vous ajoutez 1 verre de vinaigre, le sel, l'oignon, l'échalote, la carotte, le thym et le laurier.
2. Comptez 10 minutes et retirez le poisson à l'aide d'une écumoire. Débarrassez la raie de sa peau. Réservez au chaud sur un plat préchauffé. Salez et poivrez légèrement.
3. Faites brunir le beurre à feu moyen et versez-le sur le poisson. Versez ensuite le restant du vinaigre que vous aurez fait réduire.
4. Saupoudrez de persil haché.

à droite: Raie au beurre noir

Bouillabaisse

Pour 4 personnes
Préparation: 40 minutes + 50 minutes de cuisson
Garniture: tranches de baguette grillées, rouille
Conseil vin: un rosé

Ingrédients:

Diverses variétés de poisson et fruits de mer:
50 g de calamars coupés en rondelles
400 g de filet de loup ou de cabillaud
400 g de lotte
± 24 moules ou autres fruits de mer
4 ou 8 langoustes
150 g de crevettes grises, non épluchées
1½ l de court-bouillon ou de bouillon de légumes (eau + cubes)
4 échalotes émincées
4 gousses d'ail finement hachées
1 courgette
1 poireau coupé en rondelles
3 tomates moyennes concassées
50 g de concentré de tomates
1 verre de vin blanc
2 c. à soupe de pastis frais
2 c. à soupe d'huile d'olive, vierge extra
1 c. à thé de thym séché
1 c. à soupe de graines de fenouil (facultatif)
sel et poivre fraîchement moulu

La bouillabaisse est une spécialité marseillaise à base de poisson frais et de fruits de mer. Les pêcheurs quittent le port la nuit pour vendre le matin le fruit de leur pêche au port.

1. Chauffez l'huile dans un grand faitout.
2. Faites-y revenir les échalotes, les poireaux et (éventuellement) les graines de fenouil pendant 5 minutes. Ajoutez l'ail finement haché et terminez par les tomates. Mélangez jusqu'à ce que les tomates aient rendu leur jus.
3. Ajoutez le pastis, le court-bouillon et le vin blanc. Salez modérément et poivrez. Poursuivez la cuisson à feu doux pendant 30 minutes.
4. Mixez finement et passez au chinois. Versez de nouveau la purée de légumes dans le faitout, ajoutez le concentré de tomates et portez à ébullition.
5. Plongez-y les calamars et faites cuire 10 minutes.
6. Entre-temps, coupez les poissons en gros morceaux et ajoutez-les à la préparation

en même temps que les autres fruits de mer, langoustes et crevettes.
7. Ajoutez le thym. Faites cuire l'ensemble 20 minutes.
8. Répartissez le poisson et les autres ingrédients dans 4 assiettes creuses.
9. Coupez la courgette en fines rondelles et faites-la blanchir pendant 1 minute dans un fond d'eau salée. Disposez quelques rondelles de courgette sur le pourtour de chaque assiette et servez.

"Cotriade", plat de poisson breton

Pour 4 personnes
Préparation: 40 minutes
Garniture: baguette en tranches.

Ingrédients:

250 g de filets de merlan
250 g d'anguille de mer (4 darnes)
250 g de roussette
250 g de filets de saumon ou de lotte
100 g de crevettes grises
50 g de gras de lard
4 oignons
500 g de pommes de terre
1 l de vin blanc sec
1 cube de bouillon de légumes délayé dans ½ l d'eau
1 c. à soupe de vinaigre de vin blanc
2 cuillères à thé de moutarde
8 c. à soupe d'huile d'olive
1 branche de marjolaine
sel et poivre fraîchement moulu

Il existe des dizaines de ports de pêche pittoresques en Bretagne. Ci-contre, un vieux bateau de pêche dans le port de Concarneau.

1. Épluchez et émincez les oignons. Faites-les dorer dans une casserole avec le gras de lard. Épluchez les pommes de terre, coupez-les en quatre et ajoutez-les aux oignons. Versez le vin et le bouillon de légumes. Salez et poivrez.
2. Dès les premiers bouillons, baissez la source de chaleur, ajoutez les darnes d'anguille (dont la chair est la plus ferme), puis, après 10 minutes les roussettes, le saumon, le merlan et les crevettes. Laissez mijoter 15 minutes.
3. Présentez les poissons entourés des pommes de terre aux oignons sur un plat préchauffé. Versez un peu de jus de cuisson sur le poisson. Réservez au chaud.
4. Préparez la sauce en mélangeant 8 cuillères à soupe de jus de cuisson, l'huile d'olive, le vinaigre de vin blanc et la marjolaine finement hachée. Faites cuire sans cesser de mélanger et versez dans une saucière.

Waterzooi de poisson à l'ostendaise

Pour 4 à 6 personnes
Préparation: 1½ heure
Conseil vin: un vin blanc sec

Pêcheurs de crevettes à Oostduinkerke, le long de la côte belge, près d'Ostende.

Ingrédients:

800 g de poisson varié (cabillaud, loup de mer, lotte, merlan, anguille, saumon, etc.)
200 g de crevettes grises, épluchées
1 kg de moules (entières)
2 blancs de poireau
2 petits oignons
200 g de carottes
100 g de haricots princesse
1½ l de court-bouillon (en cube)
½ verre de vin blanc
1 c. à soupe de farine
50 g de beurre
2 feuilles de laurier
1 c. à soupe de thym haché
2 brins de persil
1 pincée de poivre de Cayenne
sel et poivre fraîchement moulu

1. Lavez les différentes sortes de poisson et coupez-les en morceaux de 5 cm environ.
2. Lavez les carottes et un blanc de poireau. Coupez-les en julienne. Épluchez un oignon et hachez-le finement. Nettoyer les haricots princesse et coupez-les en deux. Faites fondre le beurre dans une petite casserole et faites-y revenir tous ces légumes.
3. Versez l'eau dans un faitout. Délayez-y le cube de court-bouillon. Ajoutez le vin blanc, le thym haché, le laurier, le poivre de Cayenne. Salez et poivrez modérément et ajoutez les morceaux de poisson. Laissez mijoter 15 minutes.
4. Retirez la moitié du poisson (les plus beaux morceaux) et réservez. Passez la préparation au passe-vite ou au mixer. Transvasez de nouveau dans le faitout et mélangez-y la c. à soupe de farine. Ajoutez les morceaux de poisson réservés.
5. Lavez les moules à grande eau et faites-les cuire dans un fond d'eau. Ajoutez-y le second blanc de poireau lavé et coupé en morceaux et l'oignon coupé en rondelles. Poivrez généreusement. Les moules sont à point lorsqu'elles s'ouvrent. Réservez 12 moules dans leur coquille pour la décoration. Débarrassez les autres de leur coquille.
6. Ajoutez les moules, les légumes et les crevettes à la préparation et poursuivez la cuisson pendant 5 minutes.
7. Retirez le faitout de la source de chaleur. Saupoudrez de persil haché et posez les moules entières sur le pourtour du faitout au moment de servir.

1995
GRAND THÉATRE

Sole normande

Pour 4 personnes
Préparation: 40 minutes
Garniture: laitue et légumes frais ou pommes de terre persillées

Ingrédients:

12 filets de sole
1 kg de moules
150 g de crevettes grises épluchées
150 g de petits champignons
1 cube de court-bouillon délayé dans 5 dl d'eau
2 oignons, 2 œufs
25 cl de crème fraîche
1 verre de vin blanc sec
1 c. à soupe de jus de citron
1 c. à soupe de beurre
sel, poivre fraîchement moulu
papier aluminium, bâtonnets

1. Lavez et brossez les moules à grande eau. Épluchez les oignons et coupez-les en fines rondelles. Faites cuire les moules dans un grand faitout avec le vin blanc et les oignons pendant 12 minutes environ. Remuez de temps à autre avec une cuillère en bois. Les moules sont à point lorsque les coquilles sont ouvertes. Éliminez les moules fermées. Débarrassez les autres de leur coquille et réservez.
2. Rincez les champignons sous l'eau courante (évitez de les faire tremper) et coupez-les en deux. Badigeonnez-les de jus de citron, salez et poivrez. Faites-les étuver dans un poêlon, à feu vif, jusqu'à ce que toute leur eau soit évaporée. Ajoutez les champignons et les crevettes aux moules et réservez au chaud.
3. Faites bouillir l'eau et délayez-y le court-bouillon. Préchauffez le four à 220°C.
4. Roulez les filets de sole et piquez-les d'un bâtonnet. Beurrez le fond d'un plat à gratin et dressez-y les filets roulés. Versez-y le fumet, couvrez le plat d'un papier aluminium et enfournez 10 minutes.
5. Dressez les filets sur un plat chaud et réservez au chaud (par ex. dans le four éteint).
6. Dans un poêlon, faites réduire à feu vif le fumet et le jus de cuisson des moules pendant 8 minutes environ. Fouettez 2 jaunes d'œufs avec la crème et incorporez-les progressivement à la sauce sans cesser de mélanger. Retirez le poêlon de la source de chaleur et fouettez vigoureusement jusqu'à ce que la sauce épaississe et soit plus légère. Mélangez-y les moules, les crevettes et les champignons. Nappez les filets et servez sans attendre.